AF176267

Impressum
Verlag: BABADADA GmbH, Nedderfeld 112 , 22529 Hamburg
Geschäftsführer / Verlagsleitung: Harald Hof
Druck: Books on Demand GmbH, In de Tarpen 42, 22848 Norderstedt

Imprint
Publisher: BABADADA GmbH, Nedderfeld 112 , 22529 Hamburg, Germany
Managing Director / Publishing direction: Harald Hof
Print: Books on Demand GmbH, In de Tarpen 42, 22848 Norderstedt, Germany

المدرسة

مدرسه

القسم
كلاس درس
يقسم
تقسيم كردن
186/2
اللوح
تخته
المعلّم
معلم
باحة المدرسة
ورقة
كاغذ
يكتب
نوشتن
القلم
خودكار
طاولة المكتب
ميز تحرير
المسطرة
خط كش
الكتاب
كتاب
التلميذ
دانش آموز

قلم الرصاص
....
مداد

المقلمة
....
جامدادى

الحقيبة المدرسية
....
كيف مدرسه

دفتر الرسم
....
دفتر رسم

المِمحاة
....
پاک کن

البرّاية
....
تراش

2

علبة التلوين

....

جعبه ی آبرنگ

الفرشاة

....

قلم مو

الرسمة

....

طراحی

دفتر التمارين

....

کتاب تمرین

المادة اللاصقة

....

چسب

المقص

....

قیچی

يجمع

....

جمع کردن

الرقم

....

رقم

الواجب المدرسي

....

تکلیف خانه

يحسب

....

محاسبه کردن

يضرب

....

ضرب کردن

يطرح

....

تفریق کردن

hello

كلمة

....

کلمه

ABCDEFG
HIJKLMN
OPQRSTU
VWXYZ

الأبجدية

....

الفبا

A

الحرف

....

حرف الفبا

الطبشور

گچ

يقرأ

خواندن

النص

متن

الامتحان

امتحان

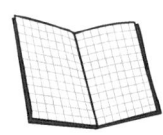

دفتر الدوام المدرسي

ثبت نام

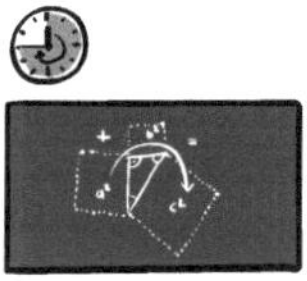

الحصة

درس

التعليم

تحصيلات

اللباس المدرسي

لباس مدرسه

شهادة

مدرک رسمی

المِجهر

ميكروسكوپ

الجامعة

دانشگاه

الموسوعة

دانشنامه

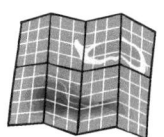

قماما

سبد کاغذ باطله

الخريطة

نقشه

فندق
هتل
بيت الشباب
مسافرخانه
مكتب صرافة
صرافی
حقيبة
چمدان
سيارة
اتومبيل

حسناً

أكی

نعم / لا

بله / خير

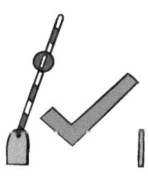

اللغة

زبان

شكراً

ممنون

مترجم

مترجم

مرحباً

سلام

كم ثمن ... ؟	لا أفهم	مشكلة
قیمت ... چه قدر است؟	من متوجه نمی شوم	مشکل

مساء الخير	صباح الخير!	ليلة سعيدة
عصر بخیر! / شب بخیر!	صبح بخیر!	شب بخیر!

إلى اللقاء	اتجاه	أمتعة السفر
خدانگهدار	جهت	بار سفر

حقيبة	حقيبة ظهر	ضيف
کیف	کوله پشتی	مهمان

غرفة	كيس للنوم	خيمة
اتاق	کیسه خواب	خیمه

استعلامات سياحية

....

مركز راهنمای گردشگران

شاطئ

....

ساحل

بطاقة ائتمان

....

كارت اعتبارى

إفطار

....

صبحانه

طعام الغداء

....

نهار

العشاء

....

شام

بطاقة سفر

....

بليط

مصعد

....

آسانسور

طابع بريدي

....

مهر

حدود

....

مرز

الجمارك

....

گمرک

سفارة

....

سفارتخانه

تأشيرة

....

ويزا

جواز سفر

....

گذرنامه

نقل

حمل و نقل

طائرة
هواپيما
سفينة
کشتی
سيارة إطفاء
ماشین آتش نشانی
حافلة
اتوبوس
سيارة شاحنة
کامیون
زورق آلي
قایق موتوری
درّاجة
دوچرخه
سيارة
اتومبیل

عبارة
....
کشتی مسافربری

قارب
....
قایق

دراجة نارية
....
موتورسیکلت

سيارة شرطة
....
ماشین پلیس

سيارة سباق
....
ماشین مسابقه

سيارة مستأجرة
....
ماشین کرایه ای

سيارة نقل القمامة

....

ماشين حمل زباله

سيارة للجر

....

جرثقيل

أسلوب تشاركي في استئجار السيار

....

به اشتراک گذاری اتوموبیل

محطة وقود

....

پمپ بنزین

وقود

....

بنزین

محرك

....

موتور

ازدحام سير

....

ترافیک

حركة السير

....

عبور و مرور

إشارة مرور

....

تابلو راهنمایی و رانندگی

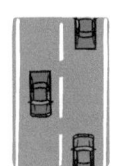

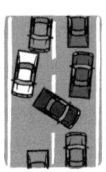

سكك حديدية

....

ریل راه آهن

محطة قطار

....

ایستگاه قطار

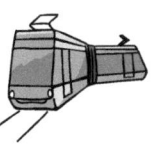

موقف سيارات

....

پارکینگ

عربة قطار

....

واگن

ترام

....

قطار برقی

قطار

....

قطار

برج

برج

مطار

فرودگاه

طائرة مروحية

هليكوپتر

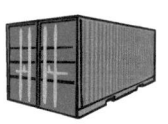

علبة كرتون

كارتن

حاوية

كانتينر

مسافر

مسافر

يقلع / يهبط

به پرواز درآمدن / فرود آمدن

سلة

سبد

عربة يد

گارى

مدينة

شهر

بيت

خانه

مركز المدينة

مركز شهر

قرية

دهكده

سينما
سينما

دعاية
تبليغ

مصباح الشارع
چراغ خيابان

شارع
خيابان

تاكسي
تاكسى

مشاة
عابر پياده

كشك
دكه

رصيف
پياده رو

تقاطع
چهارراه

معبر المشاة
خط كشى عابر پياده

حاوية قمامة
سطل آشغال بزرگ

إشارة ضوئية
چراغ راهنما

CINEMA

كوخ
....
كلبه

شقة
....
آپارتمان

محطة قطار
....
ايستگاه قطار

دار البلدية
....
ساختمان شهردارى

متحف
....
موزه

المدرسة
....
مدرسه

الجامعة	مصرف	المستشفى
دانشگاه	بانک	بیمارستان

فندق	صيدلية	مكتب
هتل	داروخانه	اداره

مكتبة	متجر	محل لبيع الزهور
کتابفروشی	مغازه	گل فروشی

سوبرماركت	سوق	متجر كبير
سوپرمارکت	بازار	فروشگاه بزرگ

تاجر السمك	مركز تسوّق	ميناء
ماهی فروش	مرکز خرید	بندر

جسر

پل

مقعد

نیمکت

حديقة عامة

پارک

نفق

تونل

مترو

مترو

درج، سلم

پله

مطعم

رستوران

بار

میخانه

موقف حافلات

ایستگاه اتوبوس

مقياس زمن الوقوف

دستگاه پارکومتر

لافتة باسم الشارع

تابلوی خیابان

سندوق البريد

صندوق پست

مسجد

مسجد

مسبح

استخر شنای عمومی

حديقة حيوانات

باغ وحش

مقبرة

قبرستان

تلوث البيئة

آلودگی محیط زیست

مزرعة

مزرعه

معبد

معبد

ملعب الأطفال

زمین بازی

كنيسة

کلیسا

طبيعة ريفية

چشم انداز

ورقة
برگ
علامة إرشاد
تابلوی راهنمای مسیر
طريق
راه
مرج
چمنزار
حجر
سنگ
شجرة
درخت
رحالة
راه نورد
نهر
رودخانه
عشب
چمن
زهرة
گل

 بحيرة .... درياچه	 جبل .... تپه	 وادٍ .... دره
 بركان .... كوه آتشفشان	 صحراء .... بيابان	 غابة .... جنگل
 فِطر .... قارچ	 قوس قزح .... رنگين كمان	 قلعة .... قلعه
 ذُبّابَة .... مگس	 بعوض .... پشه	 نخلة .... درخت نخل
 عنكبوت .... عنكبوت	 نحلة .... زنبور	 نملة .... مورچه

سنجاب
....
سنجاب

ضفدعة
....
قورباغه

خنفساء
....
سوسک

بومة
....
جغد

أرنب
....
خرگوش صحرايی

قنفذ
....
جوجه تيغی

خنزير برّي
....
گراز

بجعة
....
قو

عصفور
....
پرنده

سد
....
سد آب

إلكة
....
گوزن شمالی

غزال
....
گوزن نر

مناخ
....
آب و هوا

خلية شمسية
....
صفحه ی خورشيدی

دولاب الطاحونة الهوائية
....
توربين بادی

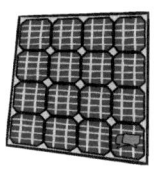

مطعم

رستوران

نادل
لائحة الطعام
منوی غذا
كرسي
صندلی
حساء
سوپ
بيتزا
پيتزا
أدوات المائدة
سرويس كارد و قاشق و چنگال
غطاء المائدة
روميزی

حلوى أو فاكهة بعد الطعام

دسر

الصحن الرئيسي

غذای اصلی

مقبلات

پيش‌غذا

زجاجة

بطری

طعام

غذا

مشروبات

نوشيدنی ها

إبريق الشاي

قوری

طعام الشارع

اغذيه خيابانی

وجبات سريعة

فست فود

آلة الإسبريسو

دستگاه اسپرسو

حصَة

پُرس غذا

علبة السكر

قندان

صينية

سينی

فاتورة

صورتحساب

كرسي عالٍ

صندلی پایه بلند غذاخوری بچه

ملعقة

قاشق

شوكة

چنگال

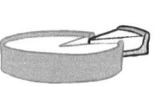

سكين

چاقو

كأس

ليوان

منديل المائدة

دستمال سفره

ملعقة الشاي

قاشق چايخوری

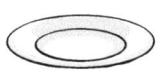

صحن الفنجان

نعلبکی

صحن الحساء

بشقاب سوپخوری

صحن

بشقاب

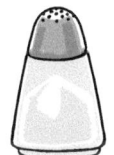

مطحنة الفلفل

فلفل ساب

مملحة

نمکدان

صلصة

سس

توابل

ادویه جات

زيت الطعام

روغن خوراکی

خلّ

سرکه

مايونيز

سس مايونز

خردل

سس خردل

كتشاب

سس کچاپ

سوبرماركت

سوپرمارکت

عرض خاص
پیشنهاد ویژه
زبون
مشتری
مشتقات الحليب
لبنیات
میوه جات
عربة تسوق
چرخ دستی خرید

جزّار

....

قصابی

مخبز

....

نانوایی

يزن

....

وزن کردن

خضار

....

سبزیجات

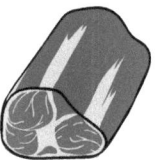

لحم

....

گوشت

المأكولات المجمّدة

....

غذای منجمد

مسحوق الغسيل

....

پودر لباسشویی

معلبات

....

غذای کنسروی

مرتدلا أو جبن

....

مخلوطی از انواع کالباس یا پنیر که
ورقه ای بریده شده باشند

منظفات

....

ماده شوینده و پاک کننده

المواد المنزلية

....

لوازم خانگی

حلويات

....

شیرینی جات

أمين صندوق

....

صندوقدار

صندوق الحساب

....

صندوق پرداخت

بائعة

....

فروشنده

محفظة النقود

....

کیف پول

أوقات العمل

....

ساعات کار

قائمة المشتريات

....

لیست خرید

كيس بلاستيكي

....

کیسه ی پلاستیکی

حقيبة

....

کیف

بطاقة ائتمان

....

کارت اعتباری

مشروبات
نوشیدنی ها

حليب

شیر

عصير

آبمیوه

ماء

آب

بيرة

آبجو

نبيذ

شراب

كولا

نوشابه کوکاکولا

شاي

چای

كاكاو

کاکائو

كحول

الکل

كابوتشينو

کاپوچینو

قهوة إسبريسو

قهوه اسپرسو

قهوة

قهوه

برتقال

پرتقال

تفاح

سیب

موزة

موز

جزرة

هویج

ليمون

ليمو

بطيخ

انواع هندوانه و خربزه

بصل

پیاز

خيزران

نِی بامبو

ثوم

سیر

شعيرية

ماکارونی

لوزيات

آجیل

فِطر

قارچ

سلطة
....
سالاد

أرز
....
برنج

سباغيتي
....
اسپاگتی

بيتزا
....
پیتزا

بطاطا مقلية
....
سیب زمینی سرخ شده

بطاطا مقلية
....
سیب زمینی سرخ کرده

شريحة لحم مقلية
....
شنیتسل

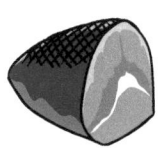

ساندويش
....
ساندویچ

هامبورغر
....
همبرگر

سجق
....
سوسیس

سلامي
....
سالامی

لحم خنزير
....
ژامبون خوک

سمك
....
ماهی

لحم محمر
....
نوعی گوشت سرخ شده

دجاج
....
مرغ

كورن فلكس
....
کورن‌فلکس

موسلي
....
نوعی صبحانه مخلوطی از برگه ذرت و
میوه های خشک شده و خشکبار که
معمولا با شیر خورده می شود

دقيق الشوفان
....
جوی پرک شده

خبز صغير
....
نان بروتشن

كرواسان
....
کرواسان

طحين
....
آرد

بسكويت
....
بیسکویت

خبز محمص
....
نان تست

خبز
....
نان

كعكة
....
کیک

لبن زبادي
....
کشک

زبدة
....
کره

جبنة
....
پنیر

بيض مقلي
....
تخم مرغ نیمرو

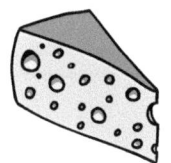

بيضة
....
تخم مرغ

مثلجات	سكر	عسل
....	....	....
بستنی	شکر	عسل

مربّى الفاكهة	كريم النوغا	الكاري
....	....	....
مربا	کرم شکلاتی بادامی	ادویه کاری

مزرعة

مزرعه

بيت الفلاح
خانه ی مزرعه داران
مخزن غلال
انبار غله
رزمة من التبن
خرمن کاه
حقل
مزرعه
حصان
اسب
مقطورة
ماشین یدک کش
جرار
تراکتور
مهر
کره اسب
حمار
خر
خروف
گوسفند
خروف
بره

ماعز

بز

بقرة

گاو ماده

عجل

گوساله

خنزير

خوک

خنزير صغير

بچه خوک

ثور

گاو نر

صوص
....
جوجه

بطة
....
اردک

إوزّة
....
غاز

جرذ
....
موش صحرایی

ديك
....
خروس

دجاجة
....
مرغ

ثور
....
گاو نر اخته

فأر
....
موش

قطّة
....
گربه

خرطوم الحديقة
....
شلنگ باغبانی

كوخ الكلب
....
لانه ی سگ

كلب
....
سگ

المحراث
....
گاوآهن

منجل
....
داس دسته بلند

إبريق
....
آبپاش

مذراة الزبل

چنگک باغبانی

معزقة

کج بیل

منجل

داس

معلف

آبشخور

عربة يد

فرقون

بلطة

تبر

سياج

حصار

كيس

کیسه

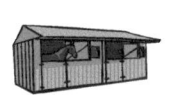

صفيحة الحليب

بطری نگهداری شیر

تربة

خاک

دفيئة

گلخانه

اصطبل

اصطبل

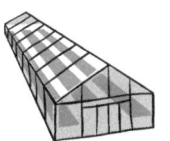

حصّادة درّاسة

ماشین کمباین

سماد

کود

بذور

بذر

بطاطا يامس
....
تميس

محصول
....
محصول

يحصد
....
برداشت كردن محصول

بطاطا
....
سيب زمينى

صويا
....
سويا

قمح
....
گندم

شجرة فاكهة
....
درخت ميوه

سلجم
....
كلزا

ذرة
....
ذرت

الحبوب
....
غلات

نبات منيهوت
....
گياه مانيوک

بيت

خانه

مدخنة
دودکش
سقف
پشت بام
مزراب
ناودان
نافذة
پنجره
مرآب
گاراژ
جرس الباب
زنگ در
باب
در
قماما
سطل آشغال
صندوق البريد
صندوق مراسلات
حديقة
باغ

غرفة جلوس

اتاق نشیمن

الحمّام

حمام

مطبخ

آشپزخانه

غرفة النوم

اتاق خواب

غرفة الأطفال

اتاق بچه

غرفة الطعام

ناهارخوری

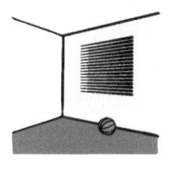

سقف

سقف

حائط

ديوار

أرضية

كف زمين

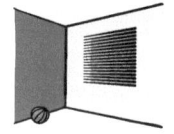

بلكون

بالكن

ساونا

سونا

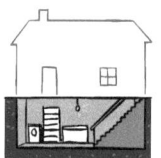

قبو

زيرزمين

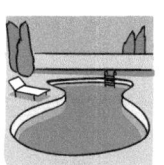

جزّازة العشب

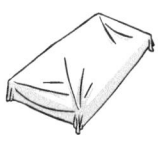

ماشين چمن‌زنی

مسبح

استخر

شرفة

تراس

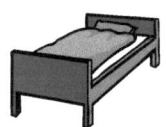

سرير

تخت خواب

بطانية

روتختی

بياضات السرير

ملافه

مفتاح كهربائي

سويچ يا كليد

سطل

سطل

مكنسة

جارو

غرفة جلوس
اتاق نشيمن

ورق جدران
كاغذ ديوارى
صورة
عكس
مصباح كهربائي
لامپ
رف
قفسه
خزانة
كابينت
تلفزيون
تلويزيون
موقد مفتوح
شومينه
زهرة
گل
وسادة
كوسن
كنبة
كاناپه
مزهرية
گلدان
تحكم عن بعد
كنترل تلويزيون و ويدئو و غيره

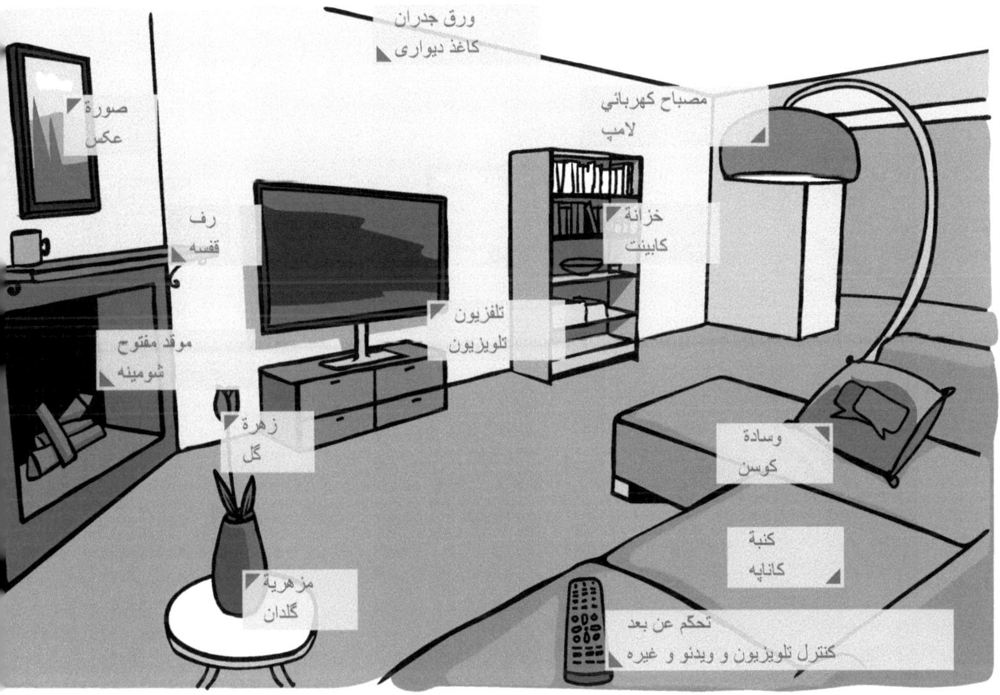

بصاط
فرش

ستارة
پرده

طاولة
ميز

كرسي
صندلى

كرسي هزّاز
صندلى گهواره ايى

كرسي ذو ذراعين
صندلى راحتى

زخرفة

دکوراسیون

بطانية

لحاف

الكتاب

کتاب

تجهيزات ستيريو

دستگاه ضبط صوت

فيلم

فیلم

الحطب

هیزم

لوحة مرسومة

تابلو نقاشی

جريدة

روزنامه

مفتاح

کلید

دفتر ملاحظات

دفترچه یادداشت

راديو

رادیو

مُلصق

پوستر

شمعة

شمع

صبّار

کاکتوس

المكنسة الكهربائية

جاروبرقی

مطبخ
آشپزخانه

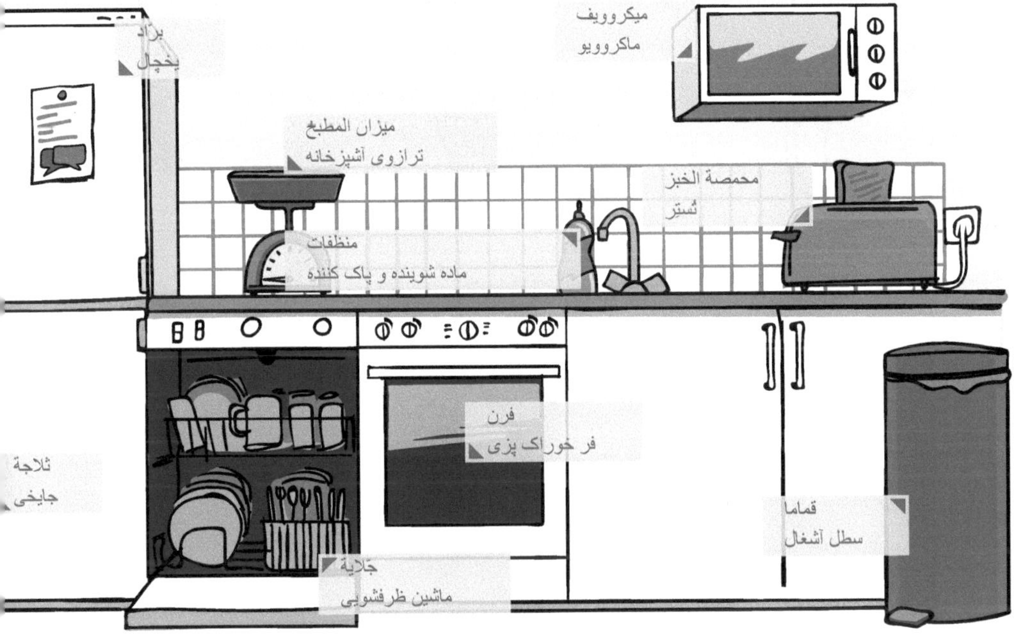
براد
یخچال
میکروویف
ماکروویو
میزان المطبخ
ترازوی آشپزخانه
محمصة الخبز
تُستر
منظفات
ماده شوینده و پاک کننده
فرن
فر خوراک پزی
ثلاجة
جایخی
قماما
سطل آشغال
جلاية
ماشین ظرفشویی

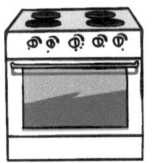

وعاء من الحديد

قابلمه چدنی

قِدر

قابلمه

موقد

اجاق گاز

غلاية

کتری

مقلاة

ماهی تابه

قدر صيني

ماهی تابه گود

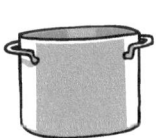

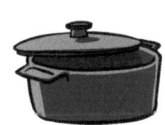

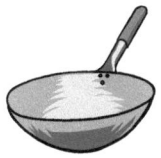

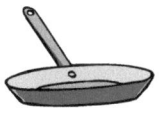

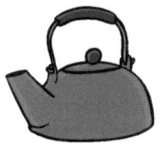

أواني

ظرف چینی آشپزخانه

صينية

سینی فر

قدر البخار

بخارپز

عيدان الأكل

چاپستیک

صحن

کاسه

فنجان

لیوان

خفاقة

همزن

ملعقة منبسطة

کفگیر

مغرفة

ملاقه

مِبشرة

رنده

مصفاة

آبکش

مصفاة

آبکش

موقد

محل مخصوص افروختن آتش

شواء

باربیکیو

هاون

هاون

مفتاح الزجاجات
....
در بطری بازکن

نشّابة
....
وردنه

لوح التقطيع
....
تخته گوشت و سبزی

قماش الفرن
....
دستگیره پارچه ای

مفتاح العلب المعدنية
....
در قوطی بازکن

علبة
....
قوطی

إسفنج
....
اسفنج

فرشاة
....
برس گردگیری

مجلى
....
سینک ظرفشویی

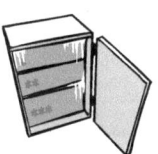

زجاجة الطفل
....
شیشه شیر بچه

مجمّدة
....
فریزر

خلاط
....
مخلوط کن

صنبور الماء
....
شیر آب

الحمّام

حمام

دوش
دوش
تدفئة
بخارى
منشفة
حوله
ستارة الدوش
پرده ی حمام
حمام رغوة
حمام کف
حوض الحمام
وان حمام
كأس
ليوان
غسّالة
ماشین لباسشویی
صنبور الماء
شیر آب
بلاط
کاشی
قفازات مطاطية
لگن دستشویی کودکان
مجلى
سینک ظرفشویی

حمام
....
توالت

مرحاض القرفصاء
....
توالت ایرانی

حوض التشطيف
....
کاسه توالت

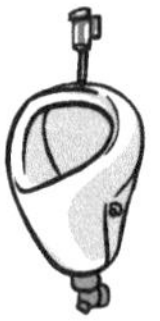

مبولة
....
توالت مخصوص آقایان

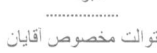

ورق المرحاض
....
دستمال توالت

فرشاة الحمام
....
فرچه توالت

38 حمام - الحمّام

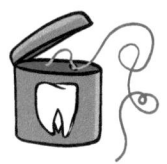

خيط حرير لتنظيف الأسنان
....
نخ دندان

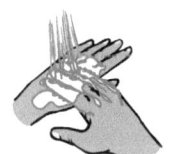

معجون الأسنان
....
خمیردندان

فرشاة الأسنان
....
مسواک

شطاف
....
شلنگ توالت

رشاش ماء يدوي
....
دوش آب تلفنی

يغسل
....
شستن

صابون
....
صابون

فرشاة الظهر
....
برس شست و شوی پشت

حوض الغسيل
....
لگن روشویی

ممسحة
....
لیف حمام

شامبو
....
شامپو

جيل الدوش
....
شامپو بدن

مزيل الروائح
....
اسپری دئودورانت

مرهم
....
کرم

مصرف للماء
....
راه آب

موس حلاقة

تیغ ریش تراشی

مرآة يد

آیینه ی کوچک دستی

مرآة

آیینه

مشط

شانه ی سر

كولونيا

افترشیو

رغوة الحلاقة

کف ریش‌تراشی

مثبت للشعر

اسپری مو

سشوار

سشوار

فرشاة

برس

طلاء أظافر

لاک ناخن

روج

رژلب

ماكياج

آرایش

عطر

عطر

مقص أظافر

قیچی ناخن

قطن

پنبه

ميزان

....

ترازو

مقعد صغير

....

چهارپایه

سلة الغسيل

....

كيف لوازم آرايشى و بهداشتى

سدادة قطنية

....

تامپون

قفازات مطاطية

....

دستكش ظرفشويى

معطف الحمام

....

حوله ى پالتويى

منشفة صحية

....

نوار بهداشتى

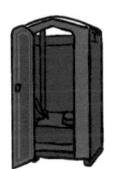

تواليت كيميائية

....

توالت سيار

غرفة الأطفال

اتاق بچه

منبّه
ساعت زنگدار
الحيوانات المحنطة
نوعی عروسک نرم به شکل حیوانات
سيارة لعبة
ماشین اسباب بازی
خشخشة
جغجغه
بيت الدمى
خانه ی عروسکی
هدية
کادو

بالون
....
بادکنک

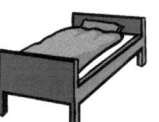

سرير
....
تخت خواب

عربة الأطفال
....
کالسکه بچه

لعبة الورق
....
بازی ورق

أحجية
....
پازل

رسوم هزلية
....
داستان مصور

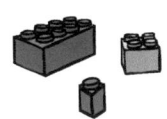

دمية بطل

عروسک شخصیت های فیلم و کارتون

حجارة تركيب

خانه سازی

أحجار الليغو

اسباب بازی لگو

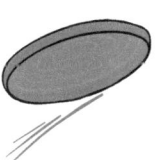

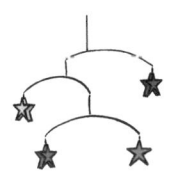

دمية معلّقة

نوعی اسباب بازی که روی تخت نوزاد
یا کودک نصب می شود

فريسبي

فریزبی

لباس الطفل

لباس نوزاد

لعبة قطار

قطار اسباب بازی

لعبة النرد

تاس

لعبة الطاولة

بازی روی صفحه

كتاب مصور

کتاب مصور

حفلة

مهمانی

مصّاصة

پستانک

يلعب

بازی کردن

دمية

عروسک

كرة

توپ

ملعب رملي للأطفال
....
جعبه شنی مخصوص بازی کودکان

أرجوحة
....
تاب

لعبة
....
اسباب بازی

ألعاب فيديو
....
کنسول بازی های کامپیوتری

دراجة ثلاثية
....
سه چرخه

دمية على شكل الدب
....
خرس عروسکی

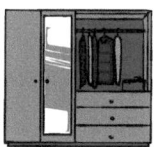

خزانة الثياب
....
کمد لباس

ثياب

لباس

جوارب قصيرة
....
جوراب

جوارب طويلة
....
جوراب زنانه ساق بلند

جورب بنطلون
....
جوراب شلواری

تي شيرت
تی شرت

شمسية
چتر

شال
شال

حزام
كمربند

شبشب
دمپایی

حذاء شتوي
پوتين

أحذية رياضية
كفش ورزشی کتانی

جزمة كاوتشوك
....
چكمه پلاستيكى

حذاء
....
كفش

صندل
....
صندل

قميص داخلي
....
جليقه

صدّارة
....
سوتين

سروال داخلي
....
شرت

جينز

جين

بنطلون

شلوار

لباس ملاصق للجسم

بادى

قميص

پيراهن

بلوزة

بلوز

تنورة

دامن

سترة فضفاضة

نوعى كت

كنزة كم طويل

سويى شرتم

سترة قطنية

پوليور

معطف مطري

بارانى

معطف

كت بلند

سترة

ژاكت

ثوب الزفاف

لباس عروس

ثوب

لباس

زي - طقم نسائي

لباس نمايش

بيجاما

....

پیژامه

قميص نوم

....

لباس خواب زنانه

طقم

....

کت و شلوار

عمامة

....

عمامه

حجاب

....

روسری

ساري

....

ساری

عباءة

....

عبا

قفطان

....

قبا

برقع

....

برقع

شرت

....

شلوارک

سروال سباحة

....

شرت شنا

سايوه

....

لباس شنا

قفازات

....

دستکش

مئزر

....

پیشبند

بدلة رياضية

....

لباس ورزشی

إسوارة

....

دستبند

نظّارة

....

عینک

زر

....

دکمه

قرط

....

گوشواره

خاتم

....

انگشتر

عقد

....

گردنبند

قبّعة

....

کلاه

علاقة ثياب

....

چوب لباسی

طاقيّة

....

کلاه لبه دار

خوذة

....

کلاه ایمنی

سحّاب

....

زیپ

ربطة العنق

....

کراوات

زي موحّد

....

لباس فرم

اللباس المدرسي

....

لباس مدرسه

حمّالة البنطلون

....

بند شلوار

لفافة

....

پوشک بچه

مصّاصة

....

پستانک

مريلة الأطفال

....

پيش بند بچه

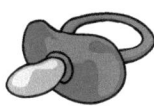

مكتب

اداره

المخدّم
سرور
خزانة الملفات
کمد نگهداری پرونده
طابعة
چاپگر
ورقة
کاغذ
شاشة
مانيتور
فارة
ماوس
طاولة المكتب
ميز تحرير
ملف
زونکن
لوحة المفاتيح
صفحه کليد
قماما
سبد کاغذ باطله
حاسوب
کامپيوتر
كرسي
صندلی

الإنترنت

....

اينترنت

الآلة الحاسبة

....

ماشين حساب

كأس من القهوة

....

ليوان قهوه

خبر
....
پیغام

رسالة
....
نامه

الحاسوب المحمول
....
لپ تاپ

جهاز تصوير
....
دستگاه فتوکپی

شبكة
....
شبکه ی ارتباطی

الهاتف المحمول
....
تلفن همراه

مقبس كهربائي
....
پریز

هاتف
....
تلفن

البرمجيات
....
نرم افزار

وثيقة
....
مدرک

استمارة
....
فرم

فاكس
....
دستگاه فاکس

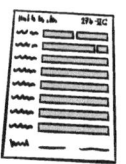

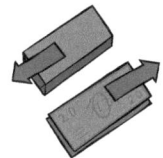

اقتصاد

اقتصاد

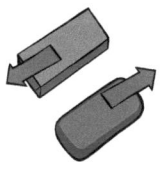

يتاجر
....
تجارت کردن

يدفع
....
پرداخت کردن

يشتري
....
خریدن

يورو
....
یورو

دولار
....
دلار

مال
....
پول

فرنك سويسري
....
فرانک سوئیس

روبل
....
روبل

ين
....
ین

صرّاف آلي
....
دستگاه خودپرداز

روبية
....
روپیه

يوان
....
یوان رنمینبی

مكتب صرافة

صرافی

ذهب

طلا

فضة

نقره

نفط

نفت

طاقة

انرژی

سعر

قیمت

عقد

قرارداد

ضريبة

مالیات

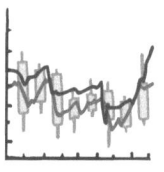

سهم

سهام سرمایه

يعمل

کار کردن

موظف

کارمند

رب العمل

کارفرما

مصنع

کارخانه

متجر

مغازه

الشرطي
مامور پلیس

رجل إطفاء
آتش نشان

طبّاخ
آشپز

الطبيب
دكتر

طيّار
خلبان

بستاني
باغبان

نجّار
نجار

خيّاطة
خياط زنانه

قاضٍ
قاضی

كيميائي
شیمیدان

ممثّل
بازیگر

صياد سمك

ماهیگیر

سائق تاكسي

راننده تاکسی

سائق حافلة

راننده اتوبوس

نادل

پیشخدمت رستوران

بنّاء سقف

سقف ساز

أجيرة للتنظيف

نظافتچی زن

خباز

نانوا

رسّام

نقاش

صيّاد

شکارچی

مهندس

مهندس

عامل بناء

کارگر ساختمانی

كهربائي

برقکار

ساعي البريد

پستچی

سمكري

لوله کش

لحّام

قصاب

جندي

سرباز

مهندس معماري

معمار

أمين صندوق

صندوقدار

بائع الزهور

گل فروش

حلاق

آرایشگر

مراقب القطار

مامور کنترل بلیط در قطار

ميكانيكي

مکانیک

قبطان

ناخدا

طبيب أسنان

دندانپزشک

رجل العلم

دانشمند

حاخام

عالم یهودی

إمام

امام

راهب

راهب

كاهن

کشیش

عدة عمل

ابزارآلات

كماشة
انبردست
مطرقة
چكش
مفك البراغي
پيچ گوشتی
مفتاح ربط
آچار
مصباح يد
چراغ قوه

سلّم

نردبان

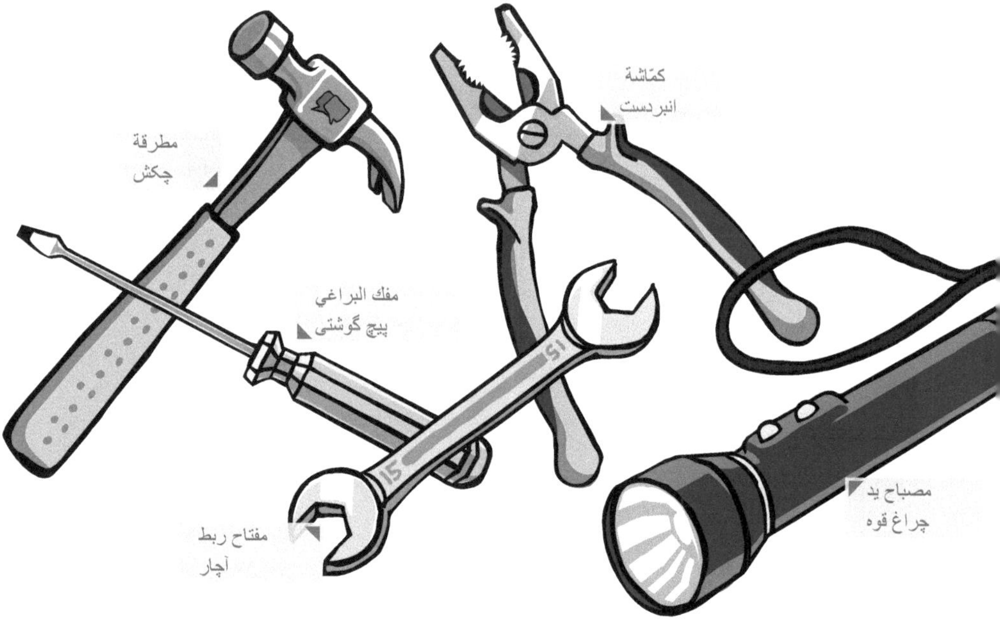

صندوق العدة

جعبه ابزار

جرافة

بيل مكانيكی

مثقب

مته

مسامير

ميخ

منشار

ارّه

اللعنة

لعنتی!

مجرفة

بيل

يصلح

تعمير كردن

براغي

پيچ

سطل الألوان

سطل رنگرزی

لقاطة الكناسة

خاك انداز

آلات موسيقية

آلات موسيقى

مكبر الصوت
بلندگو
آلات الإيقاع
درامز
غيتار
گيتار
بوق
ترومپت
كمان أجهر
كنترباس

جهير

گیتار بیس

كمنجة

ویولن

بيانو

پیانو

بيانو كهربائي

کیبورد الکتریک

طبل

طبل

طبل كبير

تیمپانی

ميكروفون

میکروفون

ناي

فلوت

ساكسوفون

ساکسیفون

حديقة حيوانات

باغ وحش

مدخل
ورودی
نمر
ببر
قفص
قفس
حمار الوحش
گورخر
علف للحيوانات
خوراک حيوانات
دب باندا
خرس پاندا

حيوانات
حيوانات

فيل
فيل

كنغر
کانگورو

وحيد القرن
کرگدن

غوريلا
گوريل

دب
خرس

أسد

شیر

نعامة

شترمرغ

جمل

شتر

ببغاء

طوطی

طائر فلامينغو

فلامینگو

قرد

میمون

سمك القرش

کوسه

بطريق

پنگوئن

دب قطبي

خرس قطبی

تمساح

تمساح

أفعى

مار

طاووس

طاووس

نمر أمريكي مرقط

پلنگ امریکایی

عجل البحر

خوک آبی

حارس في حديقة الحيوان

نگهبان باغ وحش

فرس النهر

اسب آبی

نمر

پلنگ

فرس قزم

اسب کوچک

خنزير برّي

گراز

نسر

عقاب

زرافة

زرافه

حيوان فظ البحري

شيرماهی

سلحفاة

لاک پشت

سمك

ماهی

غزال

غزال

ثعلب

روباه

رياضة

ورزش ها

كرة القدم الأمريكية
فوتبال آمريكايى
ركوب الدراجات
دوچرخه سوارى
كرة التنس
تنيس
كرة السلة
بسكتبال
السباحة
شنا
الملاكمة
بوكس
هوكي الجليد
هاكى روى يخ

كرة القدم
....
فوتبال

الريشة الطائرة
....
بدمينتون

ألعاب القوى الخفيفة
....
دوو ميدانى

كرة اليد
....
هندبال

التزلج على الثلج
....
اسكى

بولو
....
پولو

يضحك
خنديدن
يقفز
پريدن
يعانق
بغل كردن
يمشي
راه رفتن
يغنّي
آواز خواندن
يحلم
رؤيا ديدن
يصلّي
دعا كردن
يقبل
بوسيدن

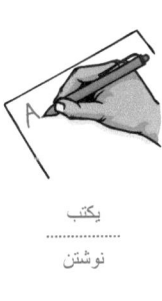

يكتب

نوشتن

يرسم

رسم كردن

يُري

نشان دادن

يدفع

هل دادن

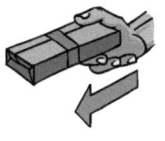

يعطي

دادن

يأخذ

برداشتن

يوجد

بودن

يعمل

انجام دادن

يملك

داشتن

يسحب

كشيدن

يركض

دويدن

يقف

ايستادن

يستلقي

دراز كشيدن

يقع

افتادن

يرمي

پرتاب كردن

يجلس

نشستن

يحمل

حمل كردن

ينتظر

منتظر بودن

يستيقظ

بيدار شدن

ينام

خوابيدن

يلبس

لباس پوشيدن

يمسّد

نوازش كردن

يبكي

گريه كردن

ينظر إلى ..

تماشا كردن

يفهم

فهميدن

يتكلم

حرف زدن

يمشّط

شانه كردن

يشرب

آشاميدن

يسمع

شنيدن

يسأل

پرسيدن

يحب

عاشق بودن

يرتب

مرتب كردن

يأكل

خوردن

يطير

پرواز كردن

يقود

رانندگى كردن

يطبخ

پختن

يبحر بزورق شراعي

قايقرانى كردن

يحسب

محاسبه كردن

يقرأ

خواندن

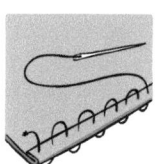

يتعلم

ياد گرفتن

يعمل

كار كردن

يتزوج

ازدواج كردن

يخيط

دوختن

ينظف أسنانه

مسواك زدن

يقتُل

كشتن

يدخّن

سيگار كشيدن

يرسل

فرستادن

عائلة

خانواده

جدّة
مادربزرگ
جدّ
پدربزرگ
أب
پدر
أم
مادر
الطفل
کودک
ابنة
فرزند دختر
ابن
فرزند پسر

ضيف
....
مهمان

عمّة / خالة
....
خاله، عمه

عمّ / خال
....
دایی، عمو

أخ
....
برادر

أخت
....
خواهر

الجسم

بدن

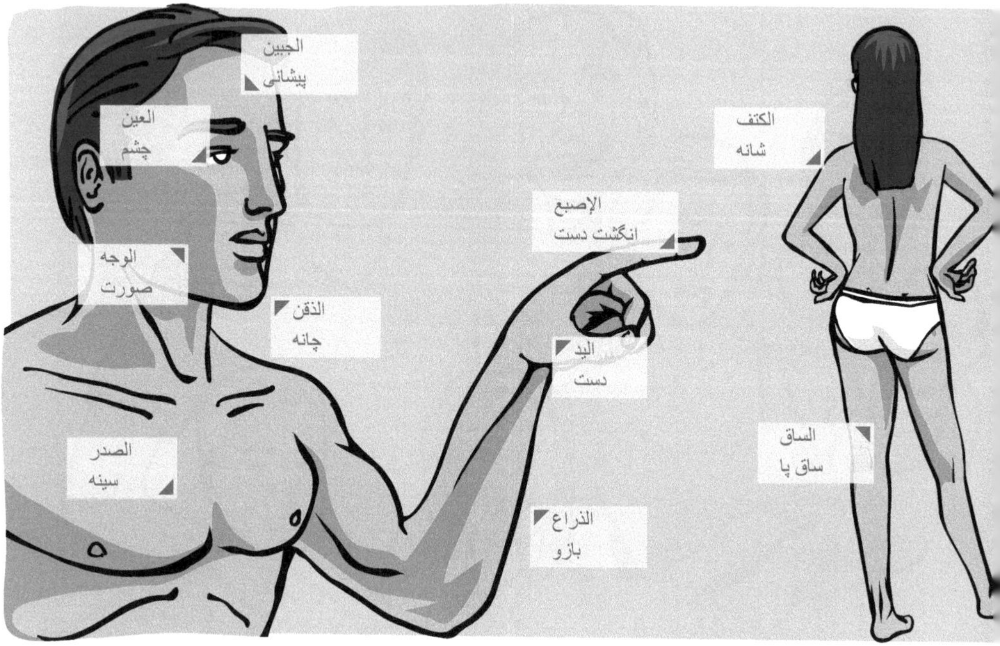

الجبين
پیشانی
العين
چشم
الوجه
صورت
الذقن
چانه
الصدر
سینه
الإصبع
انگشت دست
اليد
دست
الذراع
بازو
الكتف
شانه
الساق
ساق پا

المرأة

زن

الرجل

مرد

الطفل

کودک

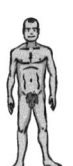

الرأس

کله

الولد

پسربچه

البنت

دختربچه

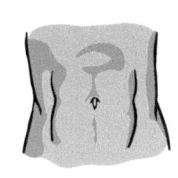

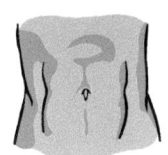

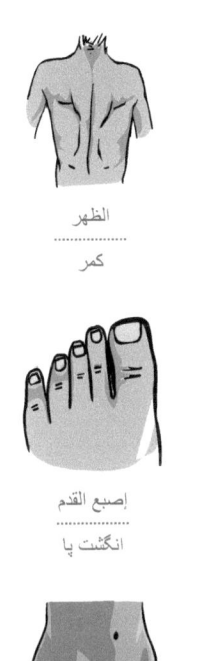

السرّة

ناف

البطن

شكم

الظهر

كمر

العظم

استخوان

الكعب

پاشنه

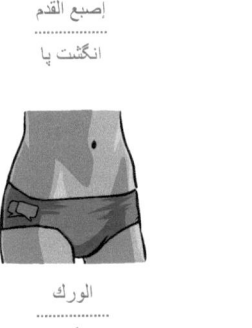

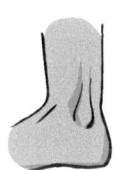

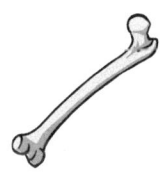

إصبع القدم

انگشت پا

المِرفق

آرنج

الركبة

زانو

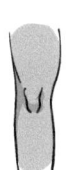

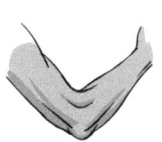

الورك

لگن

البشرة

پوست

العَجُز

نشیمنگاه

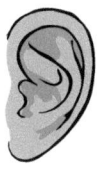

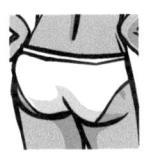

الأنف

بینی

الشفة

لب

الأذن

گوش

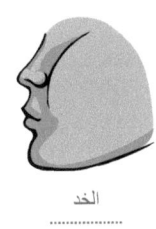

الخد

گونه

اللسان
....
زبان

السن
....
دندان

الفم
....
دهان

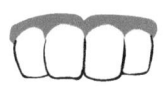

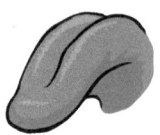

العضلة
....
عضله

القلب
....
قلب

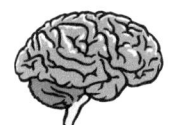

الدماغ
....
مغز

المعدة
....
معده

الكبد
....
كبد

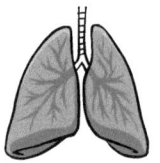

الرئة
....
ريه

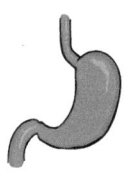

الواقي المطاطي
....
كاندوم

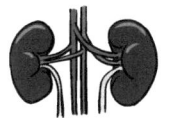

الاتصال الجنسي
....
آميزش جنسی

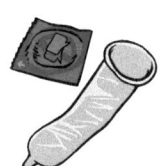

الكِلى
....
كليه

الحمل
....
حاملگی

المنيّ
....
اسپرم

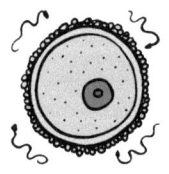

البويضة
....
تخمک

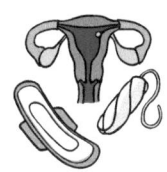

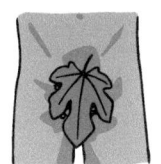

القضيب

آلت تناسلی مرد

المهبل

واژن

الحيض

پریود

الرقبة

گردن

الشعر

مو

الحاجب

ابرو

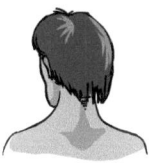

المستشفى
بیمارستان

سيارة الإسعاف
آمبولانس
الكرسي المتحرك
صندلی چرخ دار
كسر
شکستگی

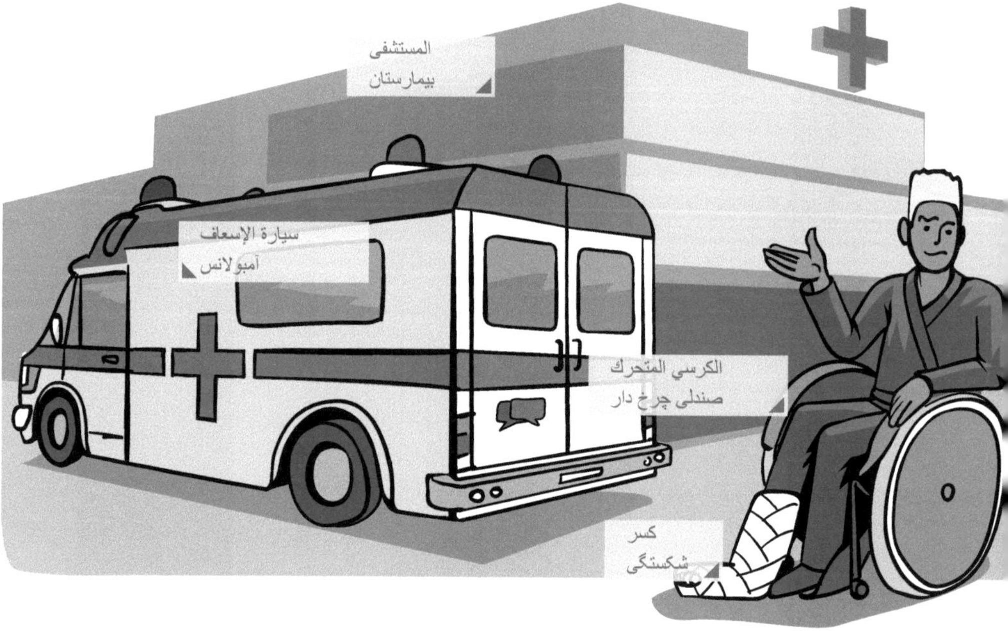

الممرضة
....
پرستار

غرفة الإسعاف
....
بخش اورژانس

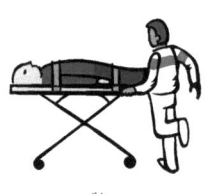

الطبيب
....
دکتر

الألم
....
درد

مغمى عليه
....
بی هوش

حالة
....
موقعیت اضطراری

احتشاء القلب
....
سکته قلبی

النزيف
....
خونریزی

إصابة
....
مصدومیت

السعال
....
سرفه

حسسية
....
آلرژی

جلطة
....
سکته مغزی

الإسهال
....
اسهال

إنفلونزا
....
آنفولانزا

الحُمّى
....
تب

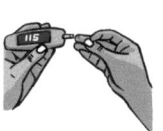

مرض السكر
....
دیابت

السرطان
....
سرطان

وجع الرأس
....
سردرد

عملية
....
عمل جراحی

مبضع
....
چاقوی جراحی

جرّاح
....
جراح

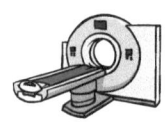

فوق الصوتي

....

سونوگرافی

الأشعة السينية

....

پرتونگاری

سيتي سكان

....

سی تی اسکن

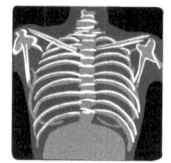

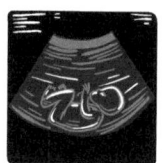

غرفة الانتظار

....

اتاق انتظار

المرض

....

بیماری

القناع

....

ماسک صورت

ضماد

....

پانسمان

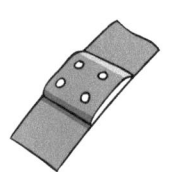

شريط لاصق

....

چسب زخم

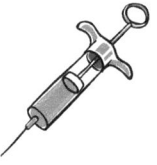

العُكاز

....

چوب زیر بغل

نقالة

....

برانکار

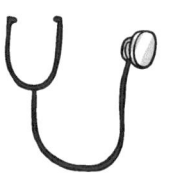

سمّاعة الطبيب

....

گوشی طبی

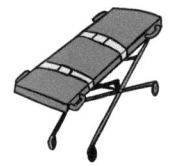

حقنة

....

تزریق

وزن زائد

....

اضافه وزن

ولادة

....

زایش

ميزان حرارة

....

دماسنج

عدوی

عفونت

المواد المعقمة

ماده ضد غفونی کننده

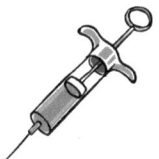

جهاز السمع

سمعک

الطب

دارو

الإيدز

اچ آی وی / ایدز

فيروس

ویروس

حبّة الدواء

قرص ضد حاملگی

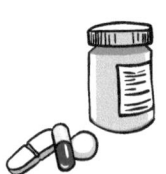

أقراص الدواء

قرص

اللقاح

واکسیناسیون

مريض / صحيح

مریض / سالم

مقياس ضغط الدم

دستگاه اندازه گیری فشارخون

نداء النجدة

تماس اظطراری

حالة

موقعیت اضطراری

اعتداء

حمله

إنذار

آژیر خطر

النجدة!

کمک!

مخرج طوارئ

خروج اظطراری

خطر

خطر

هجوم

حمله ی فیزیکی

حادث

تصادف

جهاز الإطفاء

کپسول آتش‌نشانی

حريق!

آتش

الشرطة

پلیس

أنقذونا

درخواست کمک

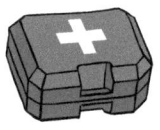

حقيبة الإسعاف الأولي

جعبه کمک های اولیه

أرض

كره زمين

أمريكا الجنوبية

آمريكاى جنوبى

أمريكا الشمالية

آمريكاى شمالى

أوروبا

اروپا

أستراليا

استراليا

آسيا

آسيا

أفريقيا

آفريقا

المحيط الهندي

اقيانوس هند

المحيط الهادي

اقيانوس آرام

المحيط الأطلسي

اقيا نوس اطلس

القطب الشمالي

قطب شمال

المحيط المتجمد الشمالي

اقيانوس منجمد شمالى

المحيط المتجمد الجنوبي

اقيا نوس اطلس جنوبى

أرض
....
كره زمين

منطقة القطب الجنوبي
....
قاره قطب جنوب

القطب الجنوبي
....
قطب جنوب

جزيرة
....
جزيره

بحر
....
دريا

بر
....
سرزمين

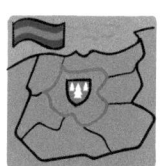

دولة
....
كشور

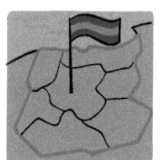

أمة
....
ملت

ساعة

ساعت

عقرب الدقائق
....
دقيقه شمار

عقرب الساعات
....
ساعت شمار

ميناء الساعة
....
صفحه ی ساعت

يوم
....
روز

كم الساعة الآن؟
....
ساعت چند است؟

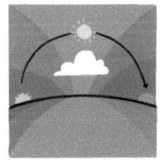

عقرب الثواني
....
ثانیه شمار

ساعة رقمية
....
ساعت دیجیتال

الآن
....
اکنون

زمن
....
زمان

ساعة
....
ساعت

دقيقة
....
دقيقه

ساعت - ساعة

أسبوع
هفته

MO
TU
W
TH
FR
SA
SO
الإثنين
دوشنبه
الثلاثاء
سه شنبه
الأربعاء
چهارشنبه
الخميس
پنج شنبه
الجمعة
جمعه
السبت
شنبه
الأحد
یک شنبه

الأمس

دیروز

اليوم

امروز

غداً

فردا

الصباح

صبح

الظهر

ظهر

المساء

غروب

أيام العمل

روزهای کاری

نهاية الأسبوع

آخر هفته

سنة

سال

ثلج
برف
ريح
باد
قوس قزح
رنگين كمان
مطر
باران
الربيع
بهار
الصيف
تابستان
الخريف
پاييز
الشتاء
زمستان

ضوء الشمس

تابش آفتاب

0
10
0
-10

مقياس حرارة

دماسنج

4.APRIL 11°
5.APRIL 4°
6.APRIL 13°
7.APRIL 8°
8.APRIL 10°

التنبّؤ بالحالة الجوية

پيش‌بينی اوضاع جوی

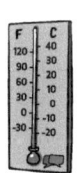

رطوبة الجو

رطوبت هوا

ضباب

مِه

سحابة

ابر

برق
....
صاعقه

رعد
....
آسمان غره

عاصفة
....
طوفان

بَرَد
....
تگرگ

ريح موسمية
....
باد موسمى

طوفان
....
سيل

جليد
....
يخ

كانون الثاني / يناير
....
ژانويه

شباط / فبراير
....
فوريه

آذار / مارس
....
مارس

نيسان / أبريل
....
أوريل

أيار / مايو
....
مه

حزيران / يونيو
....
ژونن

تموز / يوليو
....
ژوئيه

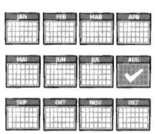

آب / أغسطس
....
آگوست

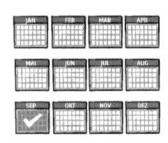

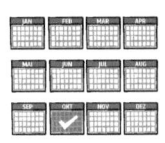

تشرين الثاني / نوفمبر

....

نوامبر

تشرين الأول / أكتوبر

....

أکتبر

أيلول / سبتمبر

....

سپتامبر

كانون الأول / ديسمبر

....

دسامبر

أشكال

آشکال

مستطيل

....

مستطیل

مربّع

....

مربع

دائرة

....

دایره

مكعب

....

مکعب مربع

كرة

....

کُره

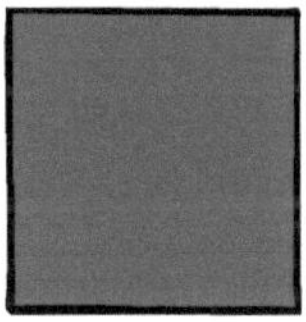

مثلث

....

سه گوش

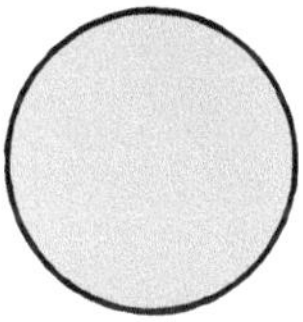

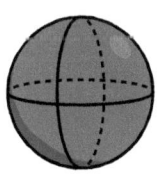

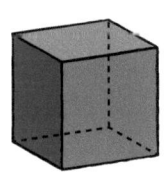

ألوان

رنگ ها

برتقالي
....
نارجى

أصفر
....
زرد

أبيض
....
سفيد

بنفسجي
....
بنفش

أحمر
....
قرمز

وردي
....
صورتى

بنّي
....
قهوه اى

أخضر
....
سبز

أزرق
....
آبى

أسود
....
سياه

رمادي
....
خاكسترى

الأضداد

متضاد ها

جميل / قبيح

زیبا / زشت

غضبان / هادئ

خشمگین/ آرام

كثير / قليل

خیلی / کم

فاتح / قاتم

روشن / تیره

كبير / صغير

بزرگ / کوچک

بداية / نهاية

شروع / پایان

كامل / ناقص

کامل / ناقص

نظيف / وسخ

تمیز / آلوده

أخ / أخت

برادر / خواهر

عريض / ضيّق

پهن / باریک

ميت / حيّ

مرده / زنده

نهار / ليل

روز / شب

مثير / ممل

هیجان زده / بی حوصله

شرّير / لطيف

غضبناک / مهربان

صالح للأكل / غير صالح

قابل خوردن / غیر قابل خوردن

صديق / عدو

دوست / دشمن

أولاً / أخيراً

اولین / آخرین

سمين / نحيف

چاق / لاغر

ثقيل / خفيف

سنگین / سبک

صلب / ليّن

سفت / نرم

مليء / فارغ

پر / خالی

غير شرعي / شرعي

غیرقانونی / قانونی

مريض / صحيح

مریض / سالم

جوع / عطش

گرسنگی / تشنگی

قريب / بعيد

نزدیک / دور

يسار / يمين

چپ / راست

ذكي / غبي

باهوش / خنگ

مسِن / شاب

پیر / جوان

لا شيء / بعض الشيء

هیچ چیز / چیزی

جديد / مستعمل

نو / استفاده شده

خافت / عالٍ

آهسته / بلند

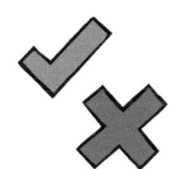

مفتوح / مغلق

باز / بسته

يشعل / يطفئ

روشن / خاموش

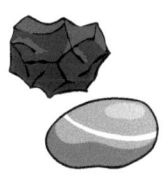

أحرش / املس

زبر / صاف

صح / خطأ

درست / غلط

غني / فقير

ثروتمند / فقیر

بطيء / سريع

کند / تند

قصير / طويل

کوتاه / بلند

حزين / سعيد

غمگین / خوشحال

حرب / سلم

جنگ / صلح

ساخن / بارد

گرم / خنک

مبلول / جاف

تر / خشک

متضاد ها - الأضداد

أرقام
اعداد

2	1	0
اثنان	واحد	صفر
دو	یک	صفر
5	4	3
خمسة	أربعة	ثلاثة
پنج	چهار	سه
8	7	6
ثمانية	سبعة	ستة
هشت	هفت	شش
11	10	9
أحد عشر	عشرة	تسعة
یازده	دَه	نه

12

اثنا عشر

....

دوازده

13

ثلاثة عشر

....

سيزده

14

أربعة عشر

....

چهارده

15

خمسة عشر

....

پانزده

16

ستة عشر

....

شانزده

17

سبعة عشر

....

هفده

18

ثمانية عشر

....

هجده

19

تسعة عشر

....

نوزده

20

عشرون

....

بيست

100

مائة

....

صد

1.000

ألف

....

هزار

1.000.000

مليون

....

ميليون

اللغات

زبان ها

لغة ماندارين الصينية

چینی ماندارین

الإنكليزية الأمريكية

انگلیسی آمریکایی

الإنكليزية

انگلیسی

الفرنسية

فرانسوی

الإسبانية

اسپانیایی

الهندية

هندی

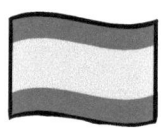

البرتغالية

پرتغالی

الروسية

روسی

العربية

عربی

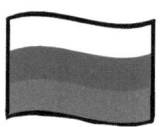

اليابانية

ژاپنی

الألمانية

آلمانی

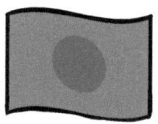

البنغالية

بنگالی

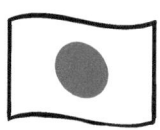

من / ماذا / كيف

چه کسی / چه چیزی / چگونه

هو / هي

او

أنت

تو

أنا

من

هم

آنها

أنتم

شما

نحن

ما

كيف؟

چگونه؟

ماذا؟

چی؟

من؟

چه کسی؟ کی؟

اسم

نام

متى؟

کِی؟

أين؟

کجا؟

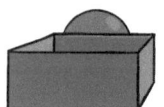

أين

كجا

أمام

جلو

في

توی

خلف

پشت

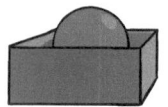

تحت

زیر

على

روی

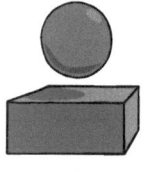

فوق

بالای

مكان

مکان

بين

بین

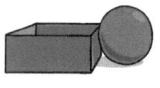

جنب

مجاور

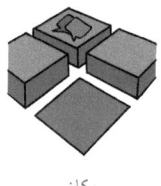